DISTRAÍDO

© 2020 by Eduardo Ferrari

CRIAÇÃO: Eduardo Ferrari
EDIÇÃO: Ivana Moreira
ILUSTRAÇÃO: Paulo Stocker
PROJETO GRÁFICO: Leonardo Carvalho
REVISÃO DE TEXTO: Gabriela Kimura
FOTO DE CAPA: Freepik Premium

Dados Internacionais de Catalogação na Publicação (CIP)
(eDOC BRASIL, Belo Horizonte/MG)

F375d   Ferrari, Eduardo Neri.
         Distraído / Eduardo Neri Ferrari. – São Paulo, SP: Efe Editores;
         Literare Books International, 2020.
         14 x 21 cm

         ISBN 978-65-86939-15-6

         1. Literatura infantojuvenil. 2. Transtorno de déficit de atenção
         com hiperatividade. I. Título.
                                                           CDD 028.5

Elaborado por Maurício Amormino Júnior – CRB6/2422

Esta obra é uma coedição EFeditores. e Literare Books Internacional. Todos os direitos reservados. Não é permitida a reprodução total ou parcial desta obra, por quaisquer meios, sem a prévia autorização do autor.

EFeditores
Rua Haddock Lobo, 180 | Cerqueira César
01414-000 | São Paulo - SP
(11) 3129-7601
www.eduardoferrari.com.br
contato@eduardoferrari.com.br

Literare Books International
Rua Antônio Augusto Covello, 472 | Vila Mariana
01550-060 | São Paulo - SP
(11) 2659-0968
www.literarebooks.com.br
contato@literarebooks.com.br

Esta obra integra o selo "Filhos Melhores para o Mundo", iniciativa conjunta das editoras EFeditores e da Literare Books International
www.cangurunews.com.br

O texto deste livro segue as normas do
Acordo Ortográfico da Língua Portuguesa.

1ª edição, 2020
Printed in Brazil | Impresso no Brasil

EDUARDO FERRARI

DISTRAÍDO

Ilustrado por Paulo Stocker

São Paulo | 2020

PARA PEDRO E GABRIEL,
meus meninos distraídos.

"Tenho andado distraído
Impaciente e indeciso
E ainda estou confuso
Só que agora é diferente
Sou tão tranquilo e tão contente."

Dado Villa-Lobos, Renato Rocha e Renato Russo,
"Quase sem querer".

CAPÍTULO 1

Tente caminhar com Bernardo e você vai se cansar. É incrível a energia que todas as crianças costumam ter. Correm ao redor da quadra de esportes uma dúzia de vezes numa única tarde.

Não ficam tontas nem desistem de correr. Bernardo era o expoente dessa categoria. Parecia estar sempre numa maratona, mas corria do jeito mais difícil. Pulando e cantando. Pulando e imitando o som de personagem de videogame. Zum, poing, zap.

Você já experimentou correr falando o tempo todo? Parece que seu fôlego acaba em um minuto, mas você tem ainda mais 200 minutos para correr.

O pai de Bernardo sempre ia buscá-lo na escola, na casa de um amigo ou simplesmente o levava para passear até o comércio da esquina. E sabia sempre que não seria fácil. Bernardo não conseguia ficar parado ou seguir no ritmo de seu pai.

— Bernardo, você vai para casa sozinho?, perguntava seu pai.

— Claro que não, respondia.

— Então, espere por mim, completava.

CAPÍTULO 2

Você já viu uma criança tapar os ouvidos para não ouvir o que alguém está dizendo para ela? Principalmente quando essa criança acaba de fazer uma bagunça danada e são os pais que estão dando uma bronca nela?

Acontece comigo o tempo todo. Na escola falam muito alto do meu lado? Tampo meus ouvidos... Na rua os operários usam uma britadeira para furar o chão? Seguro as mãos em ambos os ouvidos.

Outro dia eu ouvi dizerem assim: "Esse menino parece maluco fazendo isso". Eu posso não saber muita coisa da vida. Posso ser apenas uma criança que mal sabe ler, mas sei muito bem o que quer dizer maluco. Garanto que isso não sou. Fico triste quando alguém chama outra pessoa assim.

Eu perguntei para o meu pai o que quer dizer maluco e ele me ajudou a encontrar o significado no dicionário que a gente tem em casa. Significa sem juízo; desequilibrado, louco, doido e que se comporta sem nexo ou seriedade.

Porque será que pensam isso de mim? Só porque protejo meus ouvidos quando o som é muito alto? Ele incomoda, ora. Só por isso faço isso. Será que incomoda as outras pessoas o tanto que incomoda meus ouvidos? Vai ver eu ouço melhor do que todo mundo.

Meu pai, depois que viu a carinha triste que fiz com o significado de maluco, tentou remediar dizendo que também significa quem não se enquadra nos padrões considerados normais ou é extravagante.

Eu não entendi nada e fiquei com vergonha de perguntar o que era ex-tra-va-gan-te, mas meu pai é esperto e completou: que é diferente da maioria. Ah, dessa parte eu gostei. Eu me acho mesmo diferente da maioria. Aliás, minha família inteira é diferente.

Meu irmão definiu como é lá em casa melhor do que ninguém quando estava conversando com minha mãe.

— Mãe, todo mundo aqui em casa é diferente. A senhora vive numa clínica de terapia, né?

Acho que minha mãe gostou, pois não parava de rir sozinha depois disso cada vez que olhava para o meu pai, para o meu irmão ou para mim.

CAPÍTULO 3

Meu pai às vezes parece um zumbi. A noite é mais fácil encontrar essa versão dele. Eu o chamaria de um zumbi bonzinho. Ainda assim é um zumbi e não é algo que você queira encontrar quando se levanta da cama para ir ao banheiro.

Eu o chamo de monstro rabugento da sala. Na casa de vocês também tem monstros do escuro? Na minha tem vários. Meu pai e minha mãe dizem que não, mas eu tenho certeza.

O que eu mais vejo é o homem do lençol. Ele usa capa (de lençol, é claro, por causa disso é o seu nome), máscara de saco de pão na cabeça e pantufas vermelhas de monstros.

Eu sei porque eu vejo os pés dele por debaixo da porta e o lençol arrastando no chão. Ele deve ser tão feio que é por isso que coloquei um saco, daqueles que a gente leva para casa quando compra pão, na cabeça dele. Argh...

É melhor nem pensar no rosto dele. No saco de papel eu desenho um emoji qualquer e pronto. Eu continuo não conseguindo dormir, de medo, mas ao menos dá para viver com isso.

Esse é apenas um dos motivos que me fazem ter dificuldade para dormir. Não é só dificuldade. É muita dificuldade. O terapeuta receitou um remédio para me ajudar a dormir que minha mãe diz que é igual água e não tem gosto.

Mas ela está enganada. Água eu gosto de beber quando estou com sede. Esse remédio é horrível. O gosto fica na minha boca e não consigo dormir de jeito nenhum. Será que eu conto para ela? Acho que não. Melhor tentar dormir... Zzzz...

CAPÍTULO 4

Não é fácil fazer o dever de casa para Bernardo. Tampouco é sua tarefa favorita. Ele adia o máximo que pode. Às vezes, mais do que pode. Não foram duas, três, quatro vezes que foi para a escola sem fazer suas lições.

O menino vai e volta do quarto para a sala o tempo todo. Diz que se esqueceu de pegar alguma coisa. O lápis, a borracha. Traz o estojo.

Mesmo assim falta algo e ele volta de novo à sala ou ao quarto. Foge, adia, de repente fica ocupado com alguma coisa que nem estava fazendo antes de dizer a expressão "dever de casa".

Quando se senta, sua energia se esvai. Debruça em cima dos livros e cadernos. A cabeça dói. Ele vira o Menino Preguiça. Aos poucos seu corpo vai ficando mole e ele se transforma em "slime" como se estivesse derretendo.

Opa, opa, opa... Um instante: você não sabe o que é slime? Ora, é um brinquedo, quer dizer foi vendido como brinquedo por anos até alguém descobrir como se faz em casa. É uma massinha viscosa, mole e geralmente verde.

Parece cérebro de alienígena (não que alguém já tenha visto um para ter certeza). Mas vamos resumir assim: é uma goma como um chiclete de gelatina. "Meu pai também me disse que slime quer dizer lodo, mas eu prefiro minha definição", lembra Bernardo.

Então é assim que Bernardo se sente. Um chiclete de gelatina verde que se derrete assim que se senta diante de um caderno de dever de casa.

Mas essa não é a pior parte da história; o número de zeros que Bernardo leva na escola pela falta de mostrar o dever de casa. A pior é saber que o seu tutor é seu pai. Ele é bacana, o menino diz, mas também sofre com TDAH, o mesmo diagnóstico de Bernardo.

Ora, ora, ora... O que esperar dessa dupla? É claro que seu pai não se transforma no Menino Preguiça como ele, mas definitivamente não é a melhor pessoa para cobrar que ele faça o dever de casa.

Várias vezes Bernardo pegou seu pai distraído, olhando para a tela do celular ou pensando em qualquer coisa, enquanto ele tentava se lembrar das letras que compõem uma palavra qualquer e seu pai nem o ouvia falando.

— Pai, como escreve "procrastinar"? Aliás o que significa essa palavra? Pai? Pai? Pai?, diz Bernardo.

— O que? Onde? Como?, se assustou o pai, de fato, quase num mundo extraterrestre.

— Procrastinar... O que é isso?

— Onde você viu essa palavra, menino?

— Está aqui no dever de casa. Olha, mostrando o livro ao pai. O pai lê um trecho em voz alta:

Procrastinar é o sentimento que o poeta Álvaro de Campos descreve no poema "Adiamento":

"Depois de amanhã, sim, só depois de amanhã...

Levarei amanhã a pensar em depois de amanhã,

E assim será possível; mas hoje não...

Não, hoje nada; hoje não posso."

— Então pai, o que é procrastinar?

— É mais ou menos o que estamos fazendo agora, respondeu.

CAPÍTULO 5

À espera do tempo passar para chegar a hora do desenho, Bernardo faz um monte de coisas. Parece que passou um dia inteiro. Então ele olha novamente o relógio: o número troca de 14:55 para 14:56.

Por isso que ninguém mais assiste à televisão. Onde já se viu a gente ficar esperando um programa passar se na internet passa na hora que eu quiser?

Ao mesmo tempo, Bernardo se debruçava no dever de casa. Escreve, escreve, escreve. Apaga, apaga, apaga. Vira o caderno, revira o caderno. Lê, lê e relê. Recorta, recorta, recorta. Cola, cola, cola. Que horas são? 18:55.

O que? Eram três da tarde agora há pouco. Eu fiz uma página. Só faltam 19 páginas. "Mas Bernardo, de novo essa história de dever de casa?", você deve se perguntar, não é meu amigo leitor, mas é que houve uma mudança.

Meu pai foi demitido. Não, não se assuste, ele não foi demitido do trabalho. Ele é dono do próprio nariz e trabalha por conta própria (só se ele demitir a si mesmo...). Ele foi demitido do cargo de fazedor de dever de casa. Minha mãe demitiu ele.

E eu acho que ele ficou super feliz. Nunca vi ele tão bem humorado durante as manhãs, correr para fazer o dever de casa comigo e então se lembrar que está feito.

Como aconteceu essa mágica? Ah, eu mesmo escolhi meu novo fazedor de dever de casa. Cansei de chegar na escola, ter "esquecido" de fazer o dever e passar vergonha. Eu e meu pai mais brincávamos que fazíamos, né? Quem assumiu o cargo foi meu irmão mais velho.

Meus amigos, eu escolhi, mas no dia seguinte quase me arrependi. Como ele é bravo! Até parece um professor. Mas então eu penso que ele é o homem do lençol e corro para acabar logo. Está funcionando. Como eu adoro ter um irmão mais velho. Nem estou tendo mais tanto medo do homem do lençol.

— Buuuuu, pra você, homem do lençol!

CAPÍTULO 6

Bernardo gosta de misturar os bichos. Todos eles. Acho que é a brincadeira favorita dele.

Jacaré com canguru. Jacaru. Gato com elefante. Gafante. Panda com gorila. Pandila...

Ele nunca para, mas o animal que ele mais gosta de misturar com os outros é o Tiranossauro Rex. Diverte-se com tudo que vira rex e ganha calda. Mosquitossauro Rex. Polvossauro Rex.

E o que ele mais se diverte: Cachorrossauro Rex.

— Mas nome de cachorro não é mesmo Rex?, pensa.

— Então pode se chamar Rex Rex.

Será que se eu disser que é Rex Rex alguém vai entender isso? Porque eu já confundi tudo, indaga a si mesmo.

Vocês acreditam que existe bicho misturado de verdade? Meu pai me contou que o burrinho, aquele mesmo que eu já vi no parque da cidade, é uma mistura de cavalo com jumento?

Eu pensava que jumento era a mesma coisa que burro. Não, não, eu não estou falando de quem não entende nada. Não sejam maldosos. Estou falando do bicho mesmo.

Acho que vou chamar o burrinho de jegue. É este o nome que se dá no Nordeste. Como é que eu sei disso? Ora, eu já viajei para essa região com minha família e eu me lembro de ver vários deles.

Eu também li com meu pai um livro que falava de um burrinho chamado Sete de Ouros (1) e gostei muito. Que bicho danado, viu? Eles pastam num lugar tão seco que eu duvido que qualquer outro bicho conseguiria viver por lá. Nem zebra nem cavalo. Só os burrinhos, ops, jegues é que dão conta.

(1)
O personagem Sete de Ouros foi descrito originalmente em 1946 no conto "O burrinho Pedrês", do livro "Sagarana", de João Guimarães Rosa.

Em 2018 ganhou uma homenagem solo no livro "O burrinho Sete de Ouros", de Flávio de Mendonça Campos, onde Bernardo conheceu o burrinho pela primeira vez. Depois, ele leu o original, mas continuou preferindo o "burrinho" do Flávio. (sic)

CAPÍTULO 7

"Papai é feito de açúcar". Bernardo gosta de comentar com todos os adultos para explicar porque seu pai vive resfriado ou com a garganta inflamada. "É porque ele é feito de açúcar".

Qualquer brisa mais forte, qualquer chuvinha fina que o pegue sem blusa de frio ou guarda-chuva e lá vamos nós... Uma semana sem conseguir dormir direito... Sete dias com a voz rouca. E a família inteira com carinha de dó dele passando mal.

Então meu pai está sempre com um casaco à mão. Tem um no meio do escritório. Num cabideiro que não combina com nada da decoração e só serve para atrapalhar a passagem. Tem outro no porta-malas do carro. Tem sempre um debaixo do braço.

Quando se cansa de carregá-lo, coloca o casaco e fica visivelmente desconfortável, principalmente nos dias de calor. Mesmo assim, está sempre com ele. Tudo porque o açúcar de que é feito se derrete se cair uma gota d'água.

Meu irmão mais velho diz que meu pai é um doce, mas um doce que azeda se a temperatura subir um único grau. De repente está tudo bem. Caminhamos os três pela calçada conversando e nos distraindo com qualquer coisa, mas aí vem alguém em sua direção e vocês acham que meu pai desvia do seu caminho?

Pode ser a velhinha da igreja, pode ser a criança do jardim de infância, mas se for um engravatado é pior ainda. Meu pai até se parece com um paulista na Avenida Paulista. Tromba em você e sequer olha para trás para pedir desculpas.

Os atendentes são os que mais sofrem. A gente sempre torce para eles não fazerem nenhuma pergunta idiota ou atenderem bem e depois ficarem longe.

Meu pai parece aquele super-herói que fica verde e enorme e sai por aí esmagando tudo. Meu irmão diz que ele fica como cachorro bravo:

— Au au au au au! Você pode ouvir de longe se não entender o que ele está dizendo.

Então meu irmão usa uma estratégia com meu pai: — Calma pai, calma, calma. Vamos tomar alguma coisa? Quase sempre funciona.

Meu pai volta a ser de açúcar. Praticamente um docinho de brigadeiro, meu favorito. E assim vamos seguindo os dias.

CAPÍTULO 8

Todas as crianças são fofas. Pelo menos é o que a minha professora vive repetindo. Eu? Eu, por minha vez, já acho que só quem não conhece as crianças pode dizer uma coisa dessas.

Eu sei o que estou dizendo. Eu sou criança e vivo no meio de dezenas delas. Nós não temos nada de fofas. Eu sei o quanto elas podem ser malvadas, principalmente, com outras crianças.

Eu tive muito dificuldade em aprender a ler e fazer a leitura em público diante da turma toda. Eu até sabia ler as frases, mas era só levantar e ficar na frente de todo mundo que pronto... Não saia uma palavra da minha boca. A professora até me incentivava:

— Vamos Bernardo... Você leu todas quando estava sozinho comigo. É fácil, dizia.

— Fácil para ela que não é criança, eu sempre penso de volta.

Eu sei ler com os olhos praticamente tudo. Em inglês eu preciso de ajuda do meu irmão ou do meu pai, mas em português eu sei ler tudo. O problema é ter que falar em voz alta com todos os meus colegas me olhando.

Ah, e depois no recreio é ainda pior. Alguns ficam imitando o meu jeito de ler. Ficam inventando que eu gaguejo.

— Eu não gaguejo!, respondo. Mas e se gaguejasse? Qual é o problema?

Meu pai sempre me fala para eu não ficar rindo de ninguém e eu não rio quando alguém erra ou acha difícil fazer uma conta (aha, ninguém ganha de mim em matemática, já contei isso para vocês?). Mas eles riem e eu fico me perguntando se os pais dele não falaram que é feio fazer isso.

Pra me distrair das brincadeiras deles, então, eu invento nomes engraçados para eles. Nem posso contar...

Ah, está bom, eu conto, mas prometam vocês que não vão contar nada para eles. Funciona assim: eu junto metade do nome deles com uma qualidade que eu acho que eles têm.

Querem um exemplo? O Rodrigo virou Robrigo. A Mariana virou a Chatiana. O Luiz virou Juiz. É auto-explicativo e também um alívio. Mas como pedi não contem para eles porque podem ficar chateados comigo. Eu não conto. É só no pensamento.

Fico imaginando qual deve ser o meu apelido para eles: Bobonardo ou Berrento, que vem de birrento, ou até algum outro apelido que não tenha meu nome, como Elétrico mesmo. Esse eu concordo que diz muito sobre mim.

CAPÍTULO 9

Um dos meus desenhos favoritos quando eu tinha quatro ou cinco anos era um que tinha um mapa como personagem. Ele dizia assim sempre que era chamado:

— É o mapa, é o mapa, é o mapa. Eu sempre gostei de mapas. Acho que é porque eles mostram caminhos e como eu sou meio desatento ter um mapa por perto pode ser muito útil.

Toda semana eu vou para minha terapeuta, às vezes com meu pai, outra vezes com minha mãe. Não poderia ser uma experiência tão diferente como é com cada um deles.

Com meu pai temos que sair cedo, caminhar uma parte do trajeto e pegar o metrô. Eu confesso que adoro pegar o metrô.

É como um trem e qual criança não gosta de trens? Eu gosto desde muito novo, ao menos desde que me lembro.

Certa vez fui visitar um tio do meu pai que morava perto de uma fábrica onde saiam carregamentos de trens de hora em hora. Eu nem consegui dormir direito porque queria assistir aos trens chegando e partindo.

Com minha mãe sempre saímos em cima da hora. Quase atrasados. Assim não dá tempo de caminhar até a estação de metrô mais próxima. Ela sempre chama um carro pelo aplicativo.

Eu também gosto. Vou sentado no banco de trás do carro vendo meus vídeos no celular. Nem vejo o tempo passar. Só não me pergunte qual o caminho porque eu não presto nenhuma atenção.

Essa é uma vantagem de ir com meu pai. Vamos brincando de fazer o mapa do caminho. Primeiro você sai pela direita e segue reto por duas quadras. Vira à esquerda e desce a escada rolante para a estação.

Você tem que pegar o metrô para o sentido Vila Prudente — como são engraçados os nomes que eles dão às estações, não é? Mas é quase um aviso: "Seja prudente!".

Descemos na estação Chácara Klabin e trocamos de linha no sentido "Capão Redondo" até desembarcar na estação "Hospital São Paulo".

Agora é só sair, caminhar duas quadras até a avenida principal e virar à direita. Mais duas quadras e chegamos. Fácil, divertido e, às vezes, eu até ganho um suquinho comprado na lanchonete antes de chegarmos.

— Meu celular ficou sem bateria. Vamos ter que procurar um táxi na avenida porque não consigo usar o aplicativo, disse ela.

— Não se preocupe, mamãe. Eu sei ir para casa de metrô. Vamos? Eu mostro o caminho, respondi.

CAPÍTULO 10

Bernardo não pode ver uma linha no chão. Quase no mesmo instante em que ele coloca os olhos nela, ela se transforma numa corda de equilibrista. Não daquelas bambas, mas fixas, quase de pedra. Parece mais um muro de mil metros de altura. Bernardo sobe sobre ele e se equilibra.

De cada lado um abismo que termina com um rio de lava flamejante. Se você sobreviver à queda, se não cair no rio de chamas que vai te derreter, um bando de tiranossauros rex estará esperando por você para o lanche. E que fique claro, você é o lanche.

O que Bernardo gosta mesmo é de andar no meio-fio, mas seu pai quase se transforma em um dos dinossauros que quer pegá-lo porque diz que é perigoso, que um carro maluco pode te atropelar na rua.

— Sinceramente, eu acho que não existiu nada mais perigoso do que um animal pré-histórico capaz de comer meia tonelada em cada refeição, pensa Bernardo.

— Carros malucos? Isso nem existe. Já T-Rex minha professora diz que existiam aos milhares. Ainda bem que foram extintos antes de eu nascer. Assim eles ficam somente na minha imaginação.

Então, mesmo que meu pai não goste, eu continuo andando em cima de toda linha que vejo. Pequenos muros, daqueles de canteiros de plantas. Linhas em relevo nas calçadas e até o meio-fio. Meu pai diz que lá é perigoso. Eu respondo que só se acontecer um acidente...

E então meu pai me fala duas coisas sobre acidentes. Primeiro, eles não são acidentais. São resultado de alguma ação.

Segundo: depois que acontecem, não tem volta. Eu concordo. Quando um sorvete cai no chão, não tem volta, mas não é disso que ele está falando.

Ele está falando da gente se machucar, mas eu respondo que gosto de fingir que aquelas faixas brancas com que os meios-fios são pintados são pontes estreitas entre os abismos.

E mesmo que não sejam, sempre ouço dos adultos que na vida a gente tem que se equilibrar e coisa e tal. Que equilíbrio é tudo. Que as pessoas equilibradas são as melhores.

— Ah, então brincar de se equilibrar numa linha real ou imaginária é um treino para a vida adulta? Adorei saber. Vou me equilibrar em toda as linhas que eu encontrar.

CAPÍTULO II

Eu sei o caminho de casa. Sei ir da escola para casa. Sei ir do supermercado para casa. Sei ir da estação de metrô mais perto para casa. Só não consigo ir sozinho, mesmo sabendo o caminho. É que eu me distraio. Sempre.

É capaz de eu sair para ir a padaria para comprar pão e eu só trazer bala. Isso talvez só me provoque uma bronca.

Perigo mesmo eu tentar ir para qualquer lugar e ir parar em outro e não saber mais voltar.

Talvez eu pudesse usar as balas para marcar o caminho, mas então outra criança pode ir recolhendo os doces e eu me perder.

Onde eu já ouvi essa história? Acho que tinha alguma coisa a ver com pedacinhos de pão, mas eu prefiro doce mesmo.

Peraí, agora lembrei que a história também tinha os doces, parece que uma casa inteira feita deles.

Será que a casa sobreviveria aos passarinhos? Ou aos esquilos? Eu nunca vi um esquilo de verdade. Acho que na minha cidade não tem esquilos.

Por que será que nos desenhos eles sempre estão tão presentes? Parece que vou virar a esquina e encontrar com um. E que canta ainda por cima.

Meu pai já me explicou que no Brasil — pois é, sou brasileiro, já te contei isso? — os esquilos existem, mas só em algumas florestas enquanto nos Estados Unidos eles estão por toda parte nos subúrbios das cidades. São quase civilizados e convivem, sem medo, com as pessoas.

Acho que já vi um desenho em que eles perdem sua floresta e passam a viver nos jardins das casas: que ninguém arrisque deixar uma lata de lixo sem tampa que vai se surpreender com o que vai encontrar dentro dela.

Por aqui, eu me lembro de ir a um parque na cidade onde nasci que tinha um bicho chamado quati que se você se distrair pode roubar o seu lanche. Ele até parece um esquilo, mas não é.

CAPÍTULO 12

O pai de Bernardo ficou achando que nunca tinha tomado uma bronca tão grande quanto aquela. Por duas vezes. Primeiro foi da dentista do Bernardo durante uma consulta do menino:

— Como assim você faz ele escovar os dentes e antes de dormir dá um achocolatado pra ele?, disse com cara de assustada.

— Isso dá cárie, mau hálito e muitos outros problemas bucais! Quer que eu continue a lista? Há quanto tempo vocês fazem isso?, questionou.

— Ah, sei lá... Há alguns anos... É tão grave?, perguntou o pai de Bernardo.

— Anos?, interrompeu a dentista. - Você vai me prometer que nunca mais vai deixar ele fazer isso, disse com cara de brava.

— É que ajuda a relaxar e ele dorme melhor...

— Pois diga que isso vai fazer ele sofrer muito depois no dentista. Pare já, concluiu.

— Bem, eu posso falar com ele para tomar o achocolatado antes de dormir e depois escovar os dentes..., pensou o pai enquanto saía da dentista para outra reunião, dessa vez com a professora do menino. Foi aí que veio a segunda bronca.

— Como assim você oferece cacau para uma criança hiperativa antes dela ir para a cama? Achocolatado é um estimulante, assim como café, e só vai deixá-lo mais agitado antes de dormir..., explicou a professora.

Mais essa! "E agora? Então nem à noite ele pode tomar seu chocolate?", indagou-se o pai. "Chá de erva-cidreira ou de camomila seria o ideal", disse a professora...

"Sério? Ela não entende nada de bebidas gostosas, mas o jeito vai ser convencer o Bernardo a tomar um suco antes de escovar os dentes e ir domir", pensou o pai.

Mais tarde: — Pai, cadê meu achocolatado?, perguntou Bernardo.

— Bem, sabe o que é? Quem sabe a gente não troca por um suco? Mas você vai ter que tomar antes de se deitar, escovar os dentes e só então ir dormir, explicou o pai.

— O quê? Isso parece com um castigo! Eu já escovei os dentes. Vou ter que escovar de novo?. Prefiro tomar uma água e ir dormir!, respondeu puxando as cobertas sobre a cabeça.

Sério que foi tão fácil assim? Esse menino, encerrou o pai. — Boa noite, Bernardo!

CAPÍTULO 13

Eu tomo remédio igual como doce em festa de aniversário de meus colegas. Acordo. Tomo remédio. Volto a dormir...

Eu me pareço com aqueles ratinhos de testes que chamam de cobaias (eu vi em um vídeo no computador).

Eles andam por um labirinto, apertam uma alavanca e ganham um doce. Sou quase assim. Meu pai ou minha mãe me acordam de manhã. Tomo remédio. Ganho um achocolatado. Volto a dormir.

Eu fico me perguntando se estou doente. Lembro de minha mãe dizer que a gente toma remédios quando está doente. Perguntei outro dia se eu estava doente.

Primeiro para o meu pai. Ele disse que não. Perguntei à terapeuta que eu encontro uma vez por semana se eu estava doente. Ele disse que não.

Perguntei até para minha professora se eu estava doente. Ela respondeu com outra pergunta: "Você está resfriado?" Respondi que não. Ela então sorriu e disse que eu não estava doente.

Outro dia eu ouvi que há remédios demais para crianças como eu. Ah, pois é, os adultos acham que nós crianças não prestamos atenção nessas conversas.

Prestamos. Sim, e entendemos tudo. Vamos deixar isso como um segredo nosso — se agora mesmo estiver um adulto lendo isso com você, peça licença a ele e diga que vai continuar a ler sozinho. Não vamos contar certas coisas para eles, não é mesmo?

Mas eu dizia que ouvi que há remédios demais para crianças como eu. Eu nem sabia que criança COMO EU é diferente. Pensava que todas as crianças são como eu. Vai entender, né? Minha terapeuta diz que os remédios são para ajudar. Eu tomo porque minha mãe me dá.

Eu não sinto muito diferença, mas ela também diz que faz bem. Até minha professora na escola outro dia me perguntou se tomei o tal remédio porque eu estava muito agitado, elétrico. Acho melhor eu tomar sempre para não deixar tanta gente preocupada.

CAPÍTULO 14

— Você pode contar até dez?, pediu Bernardo.

— Umdoistrêsquatrocincoseisseteoitonovedez!, contou seu pai.

— Você pode contar até dez d-e-v-a-g-a-r?, pediu novamente.

— Um... dois... três... quatro... cinco... seiS... seTE... oITO... NOVE... DEZ!, contou novamente.

— Porque será que todo mundo que conta e vai aumentando o tom de voz quando vai chegando perto do dez?, disse o menino.

— Não tenho certeza. Todo mundo faz assim?

— Todos os meus colegas com quem fiz o teste fizeram assim.

— Era um teste? Acho que é porque parece uma contagem regressiva e algo vai acontecer quando chegar no dez, ponderou o pai.

Bernardo também gosta de perguntar aos adultos se eles conseguem contar até o infinito. O professor de matemática explicou que essa conta nunca iria acabar, mas ele sempre queria saber se uma pessoa consegue contar.

Ele sabe que os números são infinitos, mas quando ele aprendeu a contar, lá pelos seus cinco ou seis anos de idade, ele só conseguia contar até 200. Como os números podem ser infinitos se ele não sabia o que vinha depois desse número?

Hoje ele sabe que os números são muito mais do que isso. Outro dia ele conseguiu contar até dois mil. Isso sim que é número longo. "Se eu me concentrar muito eu consigo contar até 2.000", explica Bernardo.

1, 2, 3, 4, 5, 6, 7, 8, 9, 10, 11, 12, 13, 14, 15, 16, 17, 18, 19, vinte... Acho que são os únicos números que vale a pena contar. Repararam que depois disso, é apenas uma repetição de número? 21, 22, 23, 24, 25, 26, 27, 28, 29, trinta... Fulano um, ciclano dois, beltrano três...

Mas ainda não consegui passar de dois mil e pouco. Ainda bem que estamos praticamente nesse ano dois mil e alguém. Se fosse ano três mil, eu acho que ia me perder antes de terminar de contar.

Pronto, os números não são infinitos. É a prova. Ninguém consegue contar para sempre. Uma hora ou outra tem que parar.

E nem adiantou meu pai me dizer que existe um tal de quaquilhão que era o valor da quantidade em dinheiro que um personagem dos quadrinhos tinha nas revistinhas que ele lia quando era criança.

Ele até leu uma pra mim, mas paramos de discutir quando eu pedi para ele contar de zero até um quaquilhão e ele não conseguiu.

— Vamos contar os carros, pai?, lembrou-se Bernardo ao ver um carro-forte. Sempre foi a brincadeira favorita dele e de seu irmão quando mais novos.

Agora que seu irmão cresceu mais do que ele, não gosta mais, mas ele continua gostando. Acha que vai continuar contando os carros até quando tiver mais de quarenta anos.

Afinal, seu pai já passou dessa idade e continua contando com ele. Só não vale carros fáceis, por isso escolhem ambulâncias, correios ou carros-forte. Também não vale as cores muito populares. Preto, branco, prata e vermelho, nem pensar.

— Eu vou ficar com as ambulâncias, respondeu seu pai.

— Três a zero pra mim, pai, veja mais dois carros-forte passando, disse Bernardo.

CAPÍTULO 15

Fui pegar a mochila. Meu pai chegou. Chamaram meu nome no alto-falante. Desci as escadas correndo. Opa, esqueci a garrafa d'água. Volto correndo pelas escadas. Eu pego a garrafa.

Desço correndo. Meu pai me viu. Fez menção de pegar a mochila, me lembrei que esqueci outra coisa e lá fui eu de novo correndo escada acima.

No caminho escada acima encontro com minha coleguinha descendo e paramos para conversar. Pronto, esqueci o que eu ia buscar.

Desço as escadas e quando estou quase na porta, meu pai me vê de novo, mas então eu me lembro do que esqueci que estava indo buscar e volto correndo escada acima.

Eu faço isso o tempo todo. Ando o dobro da distância para ir de qualquer lugar para qualquer lugar. É o que meu pai diz.

Vamos pela calçada. Adianto o passo. Vou parar lá na frente. Vejo que ele ficou para trás volto correndo. Um minuto depois, lá estou eu na frente de novo. Olho pra trás e volto correndo. De novo.

— Não se afaste muito, Bernardo, sempre ouço.

Acontece a mesma coisa quando estou saindo de casa. Eu sempre esqueço alguma coisa depois que cruzo a porta e volto correndo para buscá-la. Mas, às vezes, assim que eu volto esqueço de novo o que estava indo buscar e volto à porta sem nada na mão.

Então me lembro: era isso. Volto correndo. Chego no meu quarto. Olho ao redor. Tem tanta coisa piscando para mim que penso: era aquilo. E pego aquilo mesmo.

— Vamos Bernardo! O elevador chegou. Está todo mundo te esperando, ouço alguém dizer da nossa porta.

— Estou indo!

CAPÍTULO 16

Qualquer um que ajude o Bernardo ganha um "eu te amo". Certa vez, em seu terapeuta, enquanto escutava as orientações, ele sempre falante, calou por um instante.

Olhou para um lado, olhou para o outro lado, como se procurasse alguma testemunha. Seguro de que estava sozinho, disse: - Eu te amo.

Mais tarde, em casa, o terapeuta contou à esposa que foi a primeira vez que uma criança disse isso para ele durante uma sessão. Os olhos da esposa se encheram de lágrimas.

— Como você consegue ficar impassível quando uma criança diz isso para você, questionou ela.

— Não consigo, confessou.

Bernardo chegou para mais um diagnóstico. Ele nunca entendeu bem o monte de perguntas que as pessoas em salas sempre bem decoradas, algumas até divertidas e cheias de brinquedos, lhe faziam. Mas dessa vez era algo novo.

— Bernardo eu vou falar algumas palavras e você tenta escrever cada uma delas nesse papel que eu te dei. Pode ser?, explica o terapeuta.

Escrever algumas palavras que ele vai falar? Isso se parecia muito com ditado. Bernardo detestava ditados. Acho que me enganei sobre gostar de vir nesse moço, pensou ele.

— Mas vamos fazer assim Bernardo. Serão vinte palavras. Para cada uma que você acertar, você ganha uma bala desse pote e você escolher qual quer. Vamos fazer assim?

Ditado com bala de prêmio? Hum, essa é nova. Acho que vai ser a primeira vez que vou gostar de um ditado.

— Está pronto?

— Estou!

— Corrida.

— Adoro c-o-r-r-id-a! Corro sem parar, diz meu pai.

— Tubarão.

— Adoro filmes de t-u-b-a-r-ã-o!

— Estrela.

— Adoro olhar para e-s-t-r-e-l-a no céu!

— Dragão.

— Adoro histórias de dragão! Como será que ele adivinhou?

— Fronha.

— Como é possível que ele ditou umas das palavras que eu acho mais engraçadas? F-r-o-n-h-a! Impossível dizê-la sem fazer careta.

E lá se foram as vinte palavras. Bernardo acertou todas e ganhou vinte balas. Ficou vários minutos escolhendo. Verde é de limão. Laranja é de tangerina. Vermelha é de framboesa. Azul é de tutti-frutti...

— Pois bem, pai e mãe. Foi assim que Bernardo acertou todas as palavras do ditado de uma só vez e pela primeira vez.

— Mas eu confesso a vocês, explicou o terapeuta, eu joguei sujo com ele. Uma bala por cada palavra certa? Isso não está certo, mas foi um incentivo e tanto. Vocês estão proibidos de usar esse truque. Vão precisar encontrar outras formas de incentivo, completou.

CAPÍTULO 17

Hoje eu fui visitar minha avó. Depois de tanta chuva, olhei para o céu e lá estava ele.

Vermelho, laranja, amarelo, verde, azul, cor não sei o nome e, acredite, outra cor que não sei o nome. Só sei que são muito bonitas.

— Bernardo o que você está fazendo deitado na grama?

— Nada, só olhando para o céu da casa da vovó. Lá de casa eu não consigo ver nada, mas aqui parece outro planeta. Está cheio de estrelas...

— Posso ver com você?

Meu pai deitou-se do meu lado e eu só me perguntava como ia ficar a camisa dele quando ele se levantasse.

Será que ia ter algum desenho por causa da grama molhada? Será que ia ser verde?

— Pai?

— Oi, Bernardo!

— Você sabe fazer um arco-íris?

— Eu fiz um no tempo de escola quando tinha a sua idade.

— Você me ensina a fazer um?

CAPÍTULO 18

— A primeira coisa que a gente precisa é de um prisma, disse o pai de Bernardo.

— Prisma? O que é isso?, respondeu

— Existem vários tipos, mas o que a gente precisa parece um triângulo de vidro sólido. A propósito eu já comprei um para você ver. Veja, afirmou mostrando o triângulo sólido em sua mão.

Bernardo pegou o pedacinho de vidro, ao menos se parecia com vidro, e então se perguntou: - Era só isso? Cadê o arco-íris?

— Olha só Bernardo, a experiência que vamos fazer se chama refração da luz (2). O físico Isaac Newton foi o primeiro a fazê-la para provar que a luz branca era composta por todas as demais cores. Então ele inverteu o processo e mostrou que todas as cores estão na luz, explicou o pai.

— Essa eu só acredito vendo, comentou Bernardo.

— Então apague a luz.

Bernardo correu para apagar a luz e fechar a porta do quarto. Ficou tão escuro que ele teve que chamar seu pai para saber onde ele estava.

— Estou aqui Bernardo. Agora é fácil. A gente aponta a luz, essa lanterna por exemplo, de um lado do prisma e depois que ela atravessa o prisma, sai do outro lado com todas as cores, mostrou o pai apontando a luz colorida para a camisa branca de Bernardo.

— Wow. Quer dizer que com esse vidrinho a gente tem o arco-íris portátil? Posso ficar com ele pra mim?, perguntou o menino.

— Você acredita que é assim mesmo que acontece na natureza? Depois que chove, as poças d'água são como prismas e o reflexo da luz faz aparecer o arco-íris. Pronto, agora o prisma é seu!, completou o pai jogando o objeto para Bernardo pegar.

(2)

Experimento de dispersão de um prisma: um prisma de acrílico, uma fonte de luz intensa (do sol, se possível, ou uma lanterna de luz branca e um anteparo (parede branca ou cartolina para projetar o raio de luz).

O sucesso dos experimentos de dispersão da luz depende da intensidade da fonte de luz e, na maioria das vezes de uma fenda adequada, que permita obter um feixe estreito de luz. É conveniente que a luz do ambiente seja reduzida ao mínimo possível.

<u>Como fazer:</u>

1. Incida um feixe de luz sobre uma das faces do prisma.

2. Gire lentamente o prisma até conseguir projetar, nas paredes ou anteparos colocados ao lado das faces do prisma, uma faixa de luz colorida. Observe o caminho percorrido pela luz. Qual cor é mais desviada?

CAPÍTULO 19

Como vocês podem ver, meu pai tem um talento incrível para montar coisas. Tudo bem, você pode achar que estou dizendo isso porque ele é meu pai, mas não sou só eu que acha isso.

Muitos colegas da minha sala quando veem os objetos que ele montou para mim ficam impressionados. Até alguns pais ficaram impressionados. E se outros ficam impressionados é por que deve ser verdade, não é?

Na escola criamos um projeto que se chamava a banca da reciclagem. Durante vários meses ao invés de jogar fora no lixo coisas como folhas de papel, garrafinhas plásticas, isopor de embalagens e caixas de papelão, a gente tinha a missão de pegar esses recursos e transformá-los em brinquedos para serem vendidos nessa banca.

Com o dinheiro arrecadado, a turma toda iria ao cinema, com direito a pipoca e tudo mais. Isso se desse certo, né?

Pois quando chegou a hora da banca não é que todos os objetos feitos pelo meu pai, pequeno boneco de astronautas, carrinhos e até foguetes foram os primeiros a serem comprados pelos outros alunos que visitavam a nossa sala para ver o que fizemos?

É claro que eu fiquei orgulhoso, principalmente quando descobri que meu pai fazia coisas parecidas para o meu irmão mais velho na época em que ele tinha a mesma idade que eu.

O auge mesmo foi um trabalho de ciências que meu pai me ajudou a fazer. A gente tinha que fazer uma experiência qualquer, mais uma vez com material reciclado, mas que tinha que ser científica mesmo. Pronto, cheguei em casa apavorado. Minha mãe também não sabia o que fazer.

Meu pai salvou o dia quando me mostrou uma experiência chamada "sala de Ames" (3). A gente só precisava de caixas de papel ou papelão, cola, tesoura e lápis de cor.

Eu nem acreditei. Fizemos uma miniatura de uma sala distorcida, com um lado maior que o outro, mas que quando olhamos por uma janela ela parece ser normal.

Então fizemos três bonecos — como meu pai é bom fazendo bonecos em papel! — que representavam eu, meu pai e minha mãe.

Eu mesmo pintei as carinhas de cada um e coloquei uns suportes de madeira para podermos movimentá-los dentro da caixa de um lado ao outro e conforme eles vão da direita para a esquerda, ou vice-versa, como a sala tem um lado mais alto, os bonecos parecem que aumentam e diminuem. Nem acreditei.

Quando mostrei aos meus colegas na escola houve até fila para todos olharem pela janelinha e ver o efeito.

(3)
A sala de Ames (em inglês: Ames room) é uma sala distorcida que é usado para criar uma ilusão de ótica. Baseando-se em reflexões do físico alemão Hermann von Helmholtz a sala de Ames foi inventada pelo oftalmologista norte-americano Adelbert Ames, Jr. em 1946.

CAPÍTULO 20

Apresento a vocês o meu mais novo super-herói: O Menino Papel. Ele sempre tem uma folha de papel pronta para receber um desenho. Seu cinto de utilidades tem lápis de cor de todas as cores. Ele nunca joga um lápis de cor fora, nem os menorzinhos. Enquanto tiver ponta está valendo.

O Menino Papel teve anos de treinamento intensivo. Rabiscou paredes por toda a casa, acabou com as folhas de ofício do escritório do seu pai, deixou a impressora sem tinta de tanto pedir para imprimir seus desenhos e perdeu a conta de quantas caixas de lápis de cor seus pai e sua mãe compraram para ele.

O Menino Papel também tem um ótimo preparo físico. Correr das broncas do seu pai por causa das paredes rabiscadas não foi fácil, mas valeu a pena, pensa Bernardo.

Desenhos e papel tem muito importância para Bernardo. São ainda mais importantes para o Menino Papel. Foi devido aos seus superpoderes que Bernardo virou um tipo de super-herói para seu colegas de turma. Nenhum deles sabia fazer um barquinho de papel sem a ajuda de um adulto. Bernardo sabia.

Seu pai ensinou ao Menino Papel e ele não se esqueceu mais como era. Assim, um dia sem querer ele estava fazendo um barquinho durante o intervalo da escola e quando um de suas colegas viu pediu para que ele o ensinasse.

Não demorou muito e todos os seus colegas também quizeram aprender como se fazia um. Foi quando surgiu a turma de artes do Bernardo.

Além de fazer os barquinhos, Bernardo também tinha um talento para colorir todos eles como ninguém mais fazia antes dele mostrar.

Assim, quase todos os dias, durante o intervalo, todos as crianças comiam seu lanche o mais rápido que podiam, apenas para passar a maior parte do tempo fazendo os barquinhos e colorindo sem parar.

Bernardo não largava nunca seu caderninho de desenhos e fazia sua mochila pesar mais por causa das dezenas de caixas de lápis que ele trazia.

CAPÍTULO 21

— Vamos Bernardo, chamou seu pai.

— Um instante, respondeu Bernardo.

Ele estava parado diante de um cartaz todo colorido ilustrado com uma pessoa que parecia feliz.

O menino leu pausadamente:

Pro-cu-ra-se a-ten-den-te

que gos-te de tra-ba-lhar,

te-nha von-ta-de de a-pren-der

e um sor-ri-so no ros-to.

Seu pai ficou olhando de longe Bernardo lendo. Um instante depois chamou novamente.

— Bernardo!

— Pai? Será que eu posso me candidatar a essa vaga?

— Por que Bernardo?

— Ora, eu gosto de fazer coisas. É como trabalhar, não é? Sempre tenho vontade de aprender e todo mundo diz que estou sempre com um sorriso no rosto. Essa vaga é perfeita pra mim, não acha, pai?

Seu pai apenas sorriu e segurou sua mão:

— Vamos Bernardo. Vamos pra casa, disse.

EDUARDO FERRARI

O escritor Eduardo Ferrari novamente se inspira em fatos reais para escrever o livro "Distraído". Gabriel, seu filho caçula, hoje com 12 anos, foi diagnosticado ainda muito cedo, há cerca de cinco anos, como portador de Transtorno de Déficit de Atenção e Hiperatividade (TDAH) e desde então viveu muitas aventuras, como as descritas desde "Elétrico", publicado em 2019, mas também foi vítima de muito preconceito devido às características que o transtorno impõe. Assim, a série, que ainda terá um capítulo final, surgiu para combater de forma lúdica a visão antiquada que as pessoas têm de crianças e adultos portadores do TDAH.

WWW.INSTAGRAM.COM/EDUARDOFERRARI_

PAULO STOCKER

Depois de ilustrar o pequeno Bernardo em "Elétrico", o primeiro livro da série sobre as aventuras de uma criança com TDAH, o artista plástico e cartunista Paulo Stocker retorna com seu traço na continuação "Distraído". Dessa vez, ele contou também com a ajuda de sua filha Teodora, de 10 anos, que foi uma das primeiras a ler os rascunhos da história e sugeriu muitas das cenas que ilustram o livro. Agora, Paulo Stocker prepara o lançamento de seu primeiro livro individual com seus famosos personagens pantomímicos Clovis e Augusta.

WWW.INSTAGRAM.COM/CLOVIS_STOCKER

Este livro foi composto com tipologia Gotham e KG Blees Your Heart e impresso em papel off set noventa gramas no trigésimo ano da primeira exibição de "Bobby's World" ou "The World According to Bobby" (conhecida no Brasil como "O Fantástico Mundo de Bobby"), série animada de televisão criada pelo comediante canadense Howie Mandel.

São Paulo, maio de dois mil e vinte.